W0253062

EIN KLEINES

Dankeschön

Ein freundliches Lächeln im Alltag,
tatkräftige Hilfe bei einer großen
Herausforderung,
ein offenes Ohr zur rechten Zeit ...
auf vielerlei Arten unterstützen uns
Menschen wie du auf unserem
Weg durchs Leben.

Dafür ein ganz herzliches
Dankeschön!

Das Glück wohnt in uns;

ZUFRIEDENHEIT

und Dankbarkeit

verleihen ihm Flügel.

Brigitte Theilen

DANKENDE
vergessen nicht,
was sie
Gutes empfingen.

Albert Bartsch

Wie die Blütenknospen
sich auftun
beim Schein der Sonne,
so tun es
die Menschenherzen
bei einem freundlichen
Gesicht.

Josef Freinademetz

Die Hände

REICHEN DAR,
ABER
DAS HERZ
SCHENKT.

aus Afrika

EIN LACHEN
befreit den Geist,
ein Lächeln
die Seele.

Thomas Romanus

Wer Freude schenkt,
spürt in seinem Herzen die Sonne.

Brigitte Theilen

Herzliche Begegnungen
bedürfen keiner großen Worte
und keines materiellen Reichtums.

Friederike Weichselbaumer

WELCOME

Nirgendwo ist Zeit
besser angelegt
als an Orten, an denen wir
gebraucht
werden.

Yvonne Mölleken

Nur Mitgefühl
MACHT WIRKLICH WISSEND –
WAHRE BILDUNG BEDEUTET
WISSEN, WIE ES
DEM ANDEREN
ZUMUTE IST.

Carl Hilty

DAS SINNVOLLE unseres Zusammenlebens ist: einander zu helfen, einander *Freude zu machen.*

Theodor Hieck

Kein Geschenk
vermag eine Menschenseele
mehr zu erfreuen als
VERSTÄNDNIS.

Elfriede Hablé

Es gibt in der Welt
selten ein schöneres Übermaß
als in der
Dankbarkeit.

Jean de La Bruyère

An einen gütigen Menschen
wird man sich
stets gern erinnern.
aus Ägypten

EIN DANK
im richtigen Moment
ist ein kleines
Stück Paradies.

Angelika Emmert

Dankbarkeit

MACHT

ZWEI HERZEN

FROH.

Else Pannek

Froh und glücklich machen,
trösten und erfreuen,
ist im Grunde doch
das Glücklichste und Beste,
was der Mensch auf dieser Erde
auszurichten vermag.

Adolph Kolping

Das schönste Geschenk,
das man einem anderen Menschen
machen kann, ist aufrichtige

Zuwendung.

aus Arabien

Ein freundlich Wort
findet immer guten Boden.

Friederike Weichselbaumer

Die Güte

ist wie die Liebe:
Man kann sie nicht sehen,
aber in Gesten, in Worten,
im Herzen spüren.

Irmgard Erath

Möchtest du glücklich sein,
dann freue dich.
Möchtest du noch glücklicher sein,
TUE ETWAS GUTES.

Paul Hufnagel

Ausgestrahlte
Freude
strahlt immer
zurück.

Zenta Maurina

Dankbarkeit

IST DAS GEDÄCHTNIS DES

HERZENS.

Jean Massieu

Textnachweis: Wir danken allen Autoren bzw. deren Erben, die uns freundlicherweise die Erlaubnis zum Abdruck von Texten erteilt haben, sowie für das Zitat von Zenta Maurina, S. 44 © Maximilian Dietrich Verlag, Memmingen.

Bildnachweis: Cover: living4media/Heinze, Winfried; Innenteil: Illustrationen: Shutterstock.com; Fotos: S. 4: Jacky Parker Photography/Getty Images, S. 13: Aleksandra/stock.adobe.com, S. 17: Image Source/Getty Images, S. 31: Wabner-Andrea/stock.adobe.com, S. 32: Angelov/stock.adobe.com, S. 37: MARYIA/stock.adobe.com, S. 38–39: candy1812/stock.adobe.com, S. 46: Angela Kohlschmitt/stock.adobe.com, S. 2, 7, 8, 10, 14–15, 19, 20, 23, 24, 27, 28–29, 35, 40, 42, 45: Shutterstock.com.

Cover: Kristian Kimmel
Layout: Doris Wohofsky
Satz: Peter Ball, Media Diversified GmbH
Gesamtherstellung: AZ Druck und Datentechnik GmbH, Kempten

Ein kleines Dankeschön
GTIN 978-3-8485-0267-7

www.groh.de

FSC www.fsc.org
MIX
Papier | Fördert gute Waldnutzung
FSC® C008457

1 2 3 4 5